WHSmith

Progress Tests

Mental Maths

Steve Mills and Hilary Koll

**Age 8–9
Year 4
Key Stage 2**

Hachette UK's policy is to use papers that are natural, renewable and recyclable products and made from wood grown in sustainable forests. The logging and manufacturing processes are expected to conform to the environmental regulations of the country of origin.

Orders: please contact Bookpoint Ltd, 130 Milton Park, Abingdon, Oxon OX14 4SB. Telephone: (44) 01235 827720. Fax: (44) 01235 400454. Lines are open 9.00a.m.–5.00p.m., Monday to Saturday, with a 24-hour message answering service. Visit our website at www.hoddereducation.co.uk.

© Steve Mills and Hilary Koll 2013
First published in 2007 exclusively for WHSmith by
Hodder Education
An Hachette UK Company
338 Euston Road
London NW1 3BH

This second edition first published in 2013 exclusively for WHSmith by Hodder Education.

Impression number 10 9 8 7 6 5 4 3 2 1
Year 2018 2017 2016 2015 2014 2013

All rights reserved. Apart from any use permitted under UK copyright law, no part of this publication may be reproduced or transmitted in any form or by any means, electronic or mechanical, including photocopying and recording, or held within any information storage and retrieval system, without permission in writing from the publisher or under licence from the Copyright Licensing Agency Limited. Further details of such licences (for reprographic reproduction) may be obtained from the Copyright Licensing Agency Limited, Saffron House, 6–10 Kirby Street, London EC1N 8TS.

Cover illustration by Oxford Designers and Illustrators Ltd
All other illustrations by Fakenham Prepress Solutions, Fakenham, Norfolk NR21 8NN
Typeset in 16pt Folio by Fakenham Prepress Solutions, Fakenham, Norfolk NR21 8NN
Printed in Great Britain by Hobbs the Printers Ltd, Totton, Hampshire SO40 3WX

A catalogue record for this title is available from the British Library.

ISBN: 978 1444 188 899

Introduction

WH Smith Mental Maths

- Mental maths is an essential part of children's mathematics. It enables children to deal with numerical situations quickly and confidently. It is a central part of the National Curriculum and National Primary Strategy and is tested as part of the National and Optional Tests throughout children's primary education.
- Mental maths is underpinned by a knowledge of number facts that can be quickly recalled, without the need to 'work them out'. These number facts include knowing doubles of numbers, addition and subtraction facts for small numbers, multiplication tables facts and the related division facts.
- This book provides opportunity for testing children's knowledge of these facts and their abilities to use them to find other answers quickly. Regular practice of these skills helps children to build this good mathematical foundation and to gain confidence in all other numeracy work.

How this book can help your child

This book contains practice of the essential areas expected of children aged 8–9, including testing their abilities to solve word problems. This is a skill that is tested at school throughout the primary age range. Children of this age are expected to master the following number facts and mental strategies:

- Use knowledge of addition and subtraction facts and place value to derive sums and differences of pairs of multiples of 10, 100 or 1000
- Identify the doubles of two-digit numbers; use to calculate doubles of multiples of 10 and 100 and derive the corresponding halves
- Derive and recall multiplication facts up to 10 x 10, and the corresponding division facts
- Add mentally pairs of two-digit whole numbers, e.g. 47 + 58.

Below are some suggestions for ways in which you can help your child to memorise number facts and to use them to derive new facts.

Help children to enjoy learning the facts – everyone learns best when they are enjoying themselves! Give rewards for when facts are learnt and praise your child for any progress made when working through this book.

- Have a fact for the day! If a child is struggling with memorising a fact, such as 13 – 8 = 5, and is unable to say the answer without working it out make it the fact of the day.
  Ask your child, as he or she goes about everyday life to repeat the fact in different ways, e.g. *whisper it, shout it, say it in a croaky voice, in a squeaky voice, in different accents, as you are jumping down the stairs, in the car*, and so on. Encourage your child to say the fact using a range of different maths words, e.g. for addition use the words add, and, plus, makes, equals; and for subtraction use take away, minus, subtract, etc. Keep a list of the facts of the day and come back to them at the end of the week.
- Swap facts around. Talk to your child about how learning one fact actually means that many facts are learnt, e.g. if you know that 8 + 5 = 13, then you know that 5 + 8 = 13 and that 13 – 8 = 5 and 13 – 5 = 8. Say the fact of the day and ask your child to say which other facts this helps them to learn.
- Show facts on number lines to help children build up a picture of where numbers are in relation to one another.
- Make flashcards. On an old envelope, piece of paper or card write the facts that your child is finding difficult to learn. Write the answers on the back and encourage your child to test themselves and check by turning over the card.
- Point out patterns in the number facts, such as that all the answers to the two, four, six, eight and ten times tables are even numbers, e.g. 2 x 7 = 14, 3 x 10 = 30, 4 x 8 = 32.

- Show your child how doubles can be used to help learn other facts, e.g. if you know that double 6 is 12, then 6 + 7 is one more than double 6 and so is 13.
- Ask questions about real-life situations to help practise these skills, e.g. when counting out knives or forks for a meal ask questions such as 'There are 20 knives in the drawer and I take out 4, how many are left?' or 'Four of us need 2 spoons each. How many is that?' 'If I have 5 here, how many more do I need?'. These situations encourage children to realise the importance of learning number facts and give them vital opportunities to practise these skills.

To get the most from this book
- Encourage your child to take the tests regularly, ideally one per day.
- Repetition of facts is important if children are to memorise and learn to recall them effectively. The more often a child practises their number facts the more likely they are to retain them over a longer period. Some tests contain the same question more than once for this reason.
- Read the first question aloud in different ways, e.g. use the words 'add', 'plus', etc. to help your child recognise what to do, e.g. whether to add, double or take away.
- Time each test. As your child becomes more confident, the time should decrease.
- If the early tests take more than 15 minutes to complete, suggest that your child tackles each row one at a time with a break in-between.
- Involve your child in marking the tests and talk together about any incorrect answers. Be sensitive and draw more attention to those that were correct, asking your child to tell you whether they had to work out the answer or whether they know the fact 'off by heart'. Agree to make a fact that your child found difficult the new 'fact for the day' to practise.
- Write the times and marks on the record sheet on the inside back cover.
- Draw attention to improvements made in the times or marks.
- Praise and encourage your child at all stages.

Test 1: Sums of multiples of 10 (1)

1) 30 + 20 =
2) 60 + 50 =
3) 110 + 50 =
4) 110 + 60 =
5) 70 + 80 =
6) 60 + 110 =
7) 80 + 80 =
8) 50 + 140 =
9) 110 + 160 =
10) 170 + 180 =
11) 260 + 110 =
12) 280 + 180 =
13) 40 + 80 =
14) 90 + 30 =
15) 120 + 60 =
16) 80 + 50 =
17) 130 + 10 =
18) 130 + 60 =
19) 90 + 90 =
20) 60 + 150 =
21) 140 + 150 =
22) 130 + 110 =
23) 230 + 160 =
24) 390 + 190 =

Mark your answers. How well did you do?

Mark [ ] out of 24   Time taken [ ]

Test 2: Sums of multiples of 10 (2)

1. 60 + 30 =
2. 80 + 70 =
3. 140 + 30 =
4. 90 + 50 =
5. 80 + 60 =
6. 120 + 70 =
7. 70 + 110 =
8. 70 + 130 =
9. 130 + 160 =
10. 180 + 210 =
11. 220 + 170 =
12. 270 + 310 =
13. 50 + 90 =
14. 90 + 80 =
15. 170 + 20 =
16. 120 + 40 =
17. 80 + 90 =
18. 130 + 90 =
19. 40 + 130 =
20. 110 + 90 =
21. 220 + 140 =
22. 280 + 110 =
23. 230 + 190 =
24. 240 + 230 =

Mark your answers. How well did you do?

Mark ☐ out of 24   Time taken ☐

Test 3: Sums of multiples of 100 (1)

1. 100 + 700 = 800
2. 600 + 500 = 1100
3. 400 + 600 = 1000
4. 600 + 1100 = 1700
5. 700 + 800 = 1600
6. 500 + 1400 = 1900
7. 800 + 800 = 1600
8. 1100 + 600 = 1700
9. 2000 + 1100 = 3100
10. 5000 + 6000 = 10000
11. 5000 + 4000 = 9000
12. 7000 + 8000 = 16000
13. 1000 + 100 = 1100
14. 900 + 300 = 1200
15. 300 + 800 = 1100
16. 1300 + 600 = 1900
17. 1300 + 100 = 1400
18. 600 + 1500 = 1900
19. 900 + 900 = 1800
20. 800 + 500 = 1300
21. 1300 + 1000 = 2300
22. 3000 + 7000 = 10000
23. 6000 + 9000 = 15000
24. 9000 + 9000 = 18000

Mark your answers. How well did you do?

Mark ☐ out of 24   Time taken ☐

Test 4: Sums of multiples of 100 (2)

1. 500 + 800 = 1300
2. 800 + 700 = 1600
3. 500 + 400 = 900
4. 1200 + 700 = 1900
5. 800 + 600 = 1400
6. 700 + 1300 = 900
7. 700 + 1100 = 1800
8. 900 + 500 = 1400
9. 1200 + 1700 = 2900
10. 8000 + 6000 = 1400
11. 6000 + 7000 = 13000
12. 7000 + 12000 = 19000

13. 300 + 900 = 1200
14. 900 + 800 = 17000
15. 800 + 700 = 1500
16. 1300 + 900 = 3900
17. 800 + 900 = 1700
18. 1100 + 900 = 2000
19. 400 + 1300 = 1700
20. 1200 + 400 = 1600
21. 3000 + 2000 = 5000
22. 1000 + 9000 = 10000
23. 11000 + 9000 = 20000
24. 5000 + 13000 = 18000

Mark your answers. How well did you do?

Mark ☐ out of 24   Time taken ☐

Test 5: Sums of 2-digit numbers (1)

1. 47 + 60 =
2. 75 + 18 =
3. 33 + 46 =
4. 43 + 28 =
5. 52 + 37 =
6. 61 + 53 =
7. 62 + 62 =
8. 74 + 52 =
9. 73 + 48 =
10. 72 + 37 =
11. 81 + 53 =
12. 82 + 92 =
13. 72 + 29 =
14. 61 + 36 =
15. 52 + 28 =
16. 55 + 42 =
17. 63 + 36 =
18. 65 + 72 =
19. 75 + 38 =
20. 78 + 53 =
21. 65 + 42 =
22. 83 + 36 =
23. 95 + 72 =
24. 85 + 78 =

Mark your answers. How well did you do?

Mark [ ] out of 24   Time taken [ ]

Test 6: Sums of 2-digit numbers (2)

1. 41 + 27 =
2. 24 + 86 =
3. 63 + 27 =
4. 54 + 60 =
5. 53 + 58 =
6. 69 + 62 =
7. 66 + 43 =
8. 54 + 67 =
9. 74 + 60 =
10. 73 + 58 =
11. 89 + 62 =
12. 69 + 83 =
13. 39 + 50 =
14. 70 + 53 =
15. 35 + 53 =
16. 48 + 61 =
17. 37 + 86 =
18. 57 + 54 =
19. 53 + 59 =
20. 69 + 49 =
21. 58 + 61 =
22. 17 + 86 =
23. 67 + 54 =
24. 93 + 79 =

Mark your answers. How well did you do?

Mark ☐ out of 24   Time taken ☐

Test 7: Sums of multiples of 10 (1)

1. 430 + 320 =
2. 160 + 450 =
3. 110 + 550 =
4. 310 + 460 =
5. 570 + 680 =
6. 660 + 610 =
7. 610 + 550 =
8. 640 + 460 =
9. 670 + 680 =
10. 860 + 610 =
11. 980 + 640 =
12. 880 + 880 =
13. 540 + 280 =
14. 190 + 330 =
15. 120 + 360 =
16. 580 + 510 =
17. 730 + 630 =
18. 830 + 670 =
19. 720 + 360 =
20. 980 + 510 =
21. 530 + 630 =
22. 730 + 670 =
23. 920 + 460 =
24. 960 + 490 =

Mark your answers. How well did you do?

Mark ☐ out of 24   Time taken ☐

Test 8: Sums of multiples of 10 (2)

1. 360 + 230 =
2. 280 + 470 =
3. 440 + 330 =
4. 390 + 550 =
5. 810 + 610 =
6. 820 + 750 =
7. 840 + 330 =
8. 790 + 550 =
9. 810 + 710 =
10. 880 + 750 =
11. 810 + 570 =
12. 970 + 810 =
13. 450 + 190 =
14. 390 + 280 =
15. 470 + 420 =
16. 620 + 540 =
17. 840 + 490 =
18. 730 + 790 =
19. 470 + 520 =
20. 620 + 840 =
21. 840 + 590 =
22. 630 + 790 =
23. 820 + 780 =
24. 840 + 930 =

Mark your answers. How well did you do?

Mark ☐ out of 24   Time taken ☐

Test 9: Differences between multiples of 10 (1)

1. 70 − 20 =
2. 130 − 60 =
3. 110 − 40 =
4. 130 − 70 =
5. 150 − 30 =
6. 170 − 90 =
7. 110 − 20 =
8. 140 − 30 =
9. 140 − 80 =
10. 260 − 70 =
11. 270 − 10 =
12. 300 − 80 =
13. 90 − 90 =
14. 160 − 80 =
15. 100 − 50 =
16. 120 − 30 =
17. 130 − 20 =
18. 140 − 50 =
19. 60 − 60 =
20. 180 − 40 =
21. 160 − 10 =
22. 220 − 80 =
23. 240 − 30 =
24. 300 − 70 =

Mark your answers. How well did you do?

Mark ☐ out of 24   Time taken ☐

Test 10: Differences between multiples of 10 (2)

1. 60 − 50 =
2. 140 − 30 =
3. 80 − 20 =
4. 130 − 90 =
5. 180 − 90 =
6. 190 − 80 =
7. 120 − 50 =
8. 170 − 70 =
9. 120 − 50 =
10. 250 − 90 =
11. 290 − 100 =
12. 300 − 50 =
13. 90 − 60 =
14. 190 − 30 =
15. 50 − 40 =
16. 140 − 50 =
17. 160 − 30 =
18. 160 − 20 =
19. 140 − 80 =
20. 190 − 40 =
21. 110 − 90 =
22. 270 − 80 =
23. 260 − 10 =
24. 300 − 90 =

Mark your answers. How well did you do?

Mark ☐ out of 24   Time taken ☐

Test 11: Differences between multiples of 100 (1)

1. 1100 − 200 =
2. 1400 − 700 =
3. 2100 − 1400 =
4. 1100 − 500 =
5. 1400 − 500 =
6. 2400 − 800 =
7. 2600 − 700 =
8. 2700 − 100 =
9. 3000 − 800 =
10. 4300 − 600 =
11. 1300 − 700 =
12. 4500 − 300 =
13. 1100 − 800 =
14. 1300 − 900 =
15. 1000 − 500 =
16. 1600 − 600 =
17. 1200 − 400 =
18. 2600 − 900 =
19. 2200 − 800 =
20. 2400 − 300 =
21. 3000 − 100 =
22. 3600 − 800 =
23. 3200 − 300 =
24. 3300 − 800 =

Mark your answers. How well did you do?

Mark [ ] out of 24   Time taken [ ]

Test 12: Differences between multiples of 100 (2)

1. 600 − 500 = ☐
2. 1100 − 800 = ☐
3. 1800 − 200 = ☐
4. 1200 − 500 = ☐
5. 1700 − 700 = ☐
6. 1200 − 500 = ☐
7. 2500 − 900 = ☐
8. 2900 − 500 = ☐
9. 3000 − 500 = ☐
10. 4400 − 300 = ☐
11. 1300 − 900 = ☐
12. 1800 − 900 = ☐
13. 900 − 600 = ☐
14. 1100 − 600 = ☐
15. 1400 − 500 = ☐
16. 2200 − 800 = ☐
17. 2700 − 900 = ☐
18. 1100 − 900 = ☐
19. 2700 − 800 = ☐
20. 2600 − 100 = ☐
21. 3000 − 900 = ☐
22. 4300 − 800 = ☐
23. 3400 − 500 = ☐
24. 4600 − 800 = ☐

Mark your answers. How well did you do?

Mark ☐ out of 24   Time taken ☐

Test 13: Differences between multiples of 10 (1)

1) 370 – 220 =
2) 530 – 260 =
3) 410 – 140 =
4) 730 – 470 =
5) 750 – 530 =
6) 970 – 390 =
7) 610 – 120 =
8) 940 – 930 =
9) 840 – 480 =
10) 960 – 880 =
11) 870 – 310 =
12) 800 – 680 =

13) 390 – 320 =
14) 560 – 180 =
15) 300 – 250 =
16) 620 – 330 =
17) 730 – 720 =
18) 840 – 250 =
19) 940 – 560 =
20) 980 – 740 =
21) 660 – 310 =
22) 920 – 780 =
23) 840 – 330 =
24) 700 – 370 =

Mark your answers. How well did you do?

Mark [ ] out of 24   Time taken [ ]

Test 14: Differences between multiples of 10 (2)

1. 360 − 250 =
2. 540 − 230 =
3. 380 − 120 =
4. 530 − 490 =
5. 680 − 390 =
6. 790 − 180 =
7. 820 − 450 =
8. 970 − 570 =
9. 520 − 250 =
10. 850 − 190 =
11. 690 − 150 =
12. 600 − 250 =
13. 490 − 460 =
14. 690 − 130 =
15. 650 − 140 =
16. 640 − 550 =
17. 960 − 330 =
18. 960 − 120 =
19. 840 − 780 =
20. 790 − 540 =
21. 710 − 290 =
22. 670 − 180 =
23. 760 − 610 =
24. 900 − 890 =

Mark your answers. How well did you do?

Mark ☐ out of 24   Time taken ☐

Test 15: Mixed addition and subtraction (1)

1. 2600 − 700 =
2. 33 + 46 =
3. 660 + 610 =
4. 100 + 700 =
5. 2700 − 100 =
6. 600 + 500 =
7. 120 − 50 =
8. 640 − 570 =
9. 40 + 60 =
10. 140 − 30 =
11. 900 + 300 =
12. 800 − 680 =
13. 2200 − 800 =
14. 1000 + 100 =
15. 2900 − 500 =
16. 52 + 28 =
17. 730 + 630 =
18. 570 + 680 =
19. 90 − 60 =
20. 630 − 290 =
21. 30 + 80 =
22. 180 − 40 =
23. 2400 − 300 =
24. 700 − 370 =

Mark your answers. How well did you do?

Mark [ ] out of 24   Time taken [ ]

Test 16: Mixed addition and subtraction (2)

1. 65 + 42 =
2. 500 + 800 =
3. 820 + 750 =
4. 63 + 27 =
5. 810 + 610 =
6. 800 + 700 =
7. 40 + 70 =
8. 50 + 80 =
9. 50 + 40 =
10. 170 − 70 =
11. 830 + 670 =
12. 600 − 250 =
13. 2700 − 800 =
14. 300 + 900 =
15. 730 + 790 =
16. 65 + 53 =
17. 840 + 490 =
18. 900 + 800 =
19. 140 − 80 =
20. 310 − 160 =
21. 80 + 70 =
22. 190 − 40 =
23. 2600 − 100 =
24. 900 − 890 =

Mark your answers. How well did you do?

Mark ☐ out of 24   Time taken ☐

Test 17: Mixed addition and subtraction (3)

1. 740 − 120 =
2. 54 + 82 =
3. 500 + 1400 =
4. 2100 − 300 =
5. 95 + 78 =
6. 82 + 92 =
7. 940 − 930 =
8. 700 + 800 =
9. 230 − 90 =
10. 870 + 880 =
11. 1400 − 500 =
12. 48 + 89 =
13. 70 + 90 =
14. 980 − 740 =
15. 970 − 570 =
16. 83 + 36 =
17. 88 + 93 =
18. 600 + 1500 =
19. 1600 − 600 =
20. 900 + 700 =
21. 120 − 30 =
22. 960 + 490 =
23. 960 + 850 =
24. 620 − 330 =

Mark your answers. How well did you do?

Mark [ ] out of 24   Time taken [ ]

Test 18: Mixed addition and subtraction (4)

1. 80 + 110 =
2. 1800 − 500 =
3. 120 + 70 =
4. 750 + 840 =
5. 1200 − 500 =
6. 69 + 83 =
7. 94 + 97 =
8. 700 + 1100 =
9. 970 + 810 =
10. 130 − 70 =
11. 870 + 930 =
12. 530 − 490 =
13. 140 − 50 =
14. 790 − 540 =
15. 1100 + 900 =
16. 2600 − 500 =
17. 2200 − 800 =
18. 93 + 79 =
19. 730 − 470 =
20. 400 + 1300 =
21. 40 + 130 =
22. 840 + 930 =
23. 990 + 960 =
24. 640 − 550 =

Mark your answers. How well did you do?

Mark [ ] out of 24   Time taken [ ]

Test 19: Word problems (1)

1 What is the total of 470 and 180?

2 How many more do I add to 800 to make 2100?

3 Today I was given 84p and 57p.
How much was I given in total?

4 What is the difference between 810 and 380?

5 Dan has £49.
How much more does he need to have £100?

6 1500 people are at the car boot sale. 300 are children.
How many are adults?

7 What number is 70 less than 160?

8 73 cars are in the car park. 39 more arrive.
How many cars are in the car park now?

9 What number is 94 more than 56?

10 A football match lasts 90 minutes. A goal is scored after 40 minutes.
How many more minutes are left to play?

Mark your answers. How well did you do?
Mark ☐ out of 10   Time taken ☐

Test 20: Doubles of 2-digit numbers (1)

1. twice 25 = ☐
2. 43 + 43 = ☐
3. twice 74 = ☐
4. 64 + 64 = ☐
5. 57 + 57 = ☐
6. twice 66 = ☐
7. 63 + 63 = ☐
8. twice 84 = ☐
9. 94 + 94 = ☐
10. 77 + 77 = ☐
11. twice 87 = ☐
12. 76 + 76 = ☐
13. double 12 = ☐
14. 51 + 51 = ☐
15. twice 61 = ☐
16. 65 + 65 = ☐
17. double 39 = ☐
18. 49 + 49 = ☐
19. 71 + 71 = ☐
20. twice 81 = ☐
21. 91 + 91 = ☐
22. double 59 = ☐
23. 69 + 69 = ☐
24. twice 78 = ☐

Mark your answers. How well did you do?

Mark ☐ out of 24   Time taken ☐

Test 21: Doubles of 2-digit numbers (2)

1. double 14 =
2. 63 + 63 =
3. twice 83 =
4. 37 + 37 =
5. double 48 =
6. 58 + 58 =
7. 68 + 68 =
8. twice 73 =
9. 67 + 67 =
10. double 78 =
11. 84 + 84 =
12. twice 89 =
13. twice 35 =
14. 70 + 70 =
15. 85 + 85 =
16. 46 + 46 =
17. twice 55 =
18. 67 + 67 =
19. 80 + 80 =
20. 75 + 75 =
21. 56 + 56 =
22. twice 85 =
23. 68 + 68 =
24. 96 + 96 =

Mark your answers. How well did you do?

Mark ☐ out of 24   Time taken ☐

Test 22: Doubles of multiples of 10 and 100 (1)

1. double 250 =
2. 430 + 430 =
3. 740 + 740 =
4. 9400 + 9400 =
5. double 5700 =
6. 6600 + 6600 =
7. twice 5600 =
8. 6600 + 6600 =
9. 7400 + 7400 =
10. double 7700 =
11. 8200 + 8200 =
12. twice 8900 =
13. 120 + 120 =
14. 510 + 510 =
15. double 610 =
16. 9100 + 9100 =
17. twice 3900 =
18. 4900 + 4900 =
19. double 4800 =
20. 6800 + 6800 =
21. 7100 + 7100 =
22. twice 7900 =
23. 8500 + 8500 =
24. double 9000 =

Mark your answers. How well did you do?

Mark [ ] out of 24   Time taken [ ]

Test 23: Doubles of multiples of 10 and 100 (2)

1. 140 + 140 =
2. double 630 =
3. 830 + 830 =
4. 3700 + 3700 =
5. double 4800 =
6. 5800 + 5800 =
7. twice 3900 =
8. 5700 + 5700 =
9. 6700 + 6700 =
10. double 8100 =
11. 8700 + 8700 =
12. twice 9200 =
13. 350 + 350 =
14. 700 + 700 =
15. twice 850 =
16. 4600 + 4600 =
17. 5500 + 5500 =
18. twice 6700 =
19. 4600 + 4600 =
20. double 6900 =
21. 7600 + 7600 =
22. 8000 + 8000 =
23. twice 8800 =
24. 9600 + 9600 =

Mark your answers. How well did you do?

Mark ☐ out of 24   Time taken ☐

Test 24: 7s, 8s and 9s times tables (1)

1. 8 x 7 =
2. 0 x 8 =
3. 7 x 8 =
4. 8 x 4 =
5. 3 x 8 =
6. 9 x 6 =
7. 7 x 8 =
8. 8 x 7 =
9. 9 x 7 =
10. 8 x 9 =
11. 8 x 8 =
12. 6 x 8 =
13. 9 x 3 =
14. 7 x 9 =
15. 9 x 5 =
16. 8 x 5 =
17. 7 x 7 =
18. 6 x 7 =
19. 8 x 8 =
20. 9 x 0 =
21. 8 x 3 =
22. 7 x 7 =
23. 8 x 7 =
24. 9 x 9 =

Mark your answers. How well did you do?

Mark ☐ out of 24   Time taken ☐

Test 25: 7s, 8s and 9s times tables (2)

1. 8 x 8 =
2. 3 x 9 =
3. 9 x 6 =
4. 3 x 9 =
5. 4 x 8 =
6. 9 x 7 =
7. 7 x 9 =
8. 7 x 7 =
9. 6 x 9 =
10. 7 x 8 =
11. 9 x 5 =
12. 9 x 8 =
13. 4 x 9 =
14. 9 x 2 =
15. 7 x 6 =
16. 9 x 5 =
17. 9 x 4 =
18. 6 x 8 =
19. 0 x 7 =
20. 8 x 9 =
21. 9 x 8 =
22. 4 x 9 =
23. 7 x 7 =
24. 8 x 6 =

Mark your answers. How well did you do?

Mark ☐ out of 24   Time taken ☐

Test 26: Times tables (1)

1. 4 × 2 =
2. 7 × 5 =
3. 8 × 1 =
4. 7 × 10 =
5. 8 × 5 =
6. 9 × 6 =
7. 6 × 3 =
8. 8 × 7 =
9. 7 × 9 =
10. 9 × 5 =
11. 8 × 10 =
12. 6 × 3 =
13. 10 × 5 =
14. 5 × 5 =
15. 4 × 6 =
16. 10 × 9 =
17. 3 × 9 =
18. 5 × 6 =
19. 4 × 6 =
20. 7 × 5 =
21. 9 × 10 =
22. 9 × 7 =
23. 8 × 9 =
24. 9 × 9 =

Mark your answers. How well did you do?

Mark ☐ out of 24   Time taken ☐

Test 27: Times tables (2)

1. 5 x 4 =
2. 2 x 3 =
3. 5 x 9 =
4. 5 x 2 =
5. 7 x 3 =
6. 10 x 10 =
7. 9 x 9 =
8. 6 x 7 =
9. 8 x 2 =
10. 6 x 9 =
11. 9 x 7 =
12. 9 x 8 =
13. 6 x 6 =
14. 6 x 7 =
15. 7 x 6 =
16. 8 x 10 =
17. 9 x 4 =
18. 4 x 1 =
19. 0 x 3 =
20. 10 x 6 =
21. 7 x 5 =
22. 5 x 8 =
23. 7 x 8 =
24. 9 x 5 =

Mark your answers. How well did you do?

Mark [ ] out of 24   Time taken [ ]

Test 28: Word problems (1)

1. On the computer Jack scored 1600 and Jo scored 700. What was the difference between the two scores?

2. Last week Jack earned £470. This week he earned £180. How much did he earn during these two weeks?

3. Liam is nine times as old as Deepa. Deepa is 7. How old is Liam?

4. What number do I add to 80 to make 170?

5. What is the difference between 190 and 80?

6. Jo has eight times as many pens as Ben. Ben has 9. How many does Jo have?

7. The shop has nine shelves. Each shelf holds 8 DVDs. Eight shelves are full and one shelf is empty. How many DVDs are in the shop?

8. My ticket cost 7 times as much as Jan's. Jan's ticket cost £8. How much did my ticket cost?

9. At 12:00 there were 3500 items for sale on the Internet. At 17:00 there were 700 items for sale. How many items had been sold?

10. What number is twice as large as 78?

Mark your answers. How well did you do?

Mark ☐ out of 10   Time taken ☐

31

Test 29: Halves of even numbers to 200 (1)

1. 100 ÷ 2 =
2. half of 122 =
3. 42 ÷ 2 =
4. 90 ÷ 2 =
5. 46 ÷ 2 =
6. half of 150 =
7. 68 ÷ 2 =
8. 124 ÷ 2 =
9. half of 136 =
10. 138 ÷ 2 =
11. 144 ÷ 2 =
12. 176 ÷ 2 =
13. half of 34 =
14. 62 ÷ 2 =
15. half of 60 =
16. half of 84 =
17. 64 ÷ 2 =
18. 94 ÷ 2 =
19. half of 108 =
20. 160 ÷ 2 =
21. 168 ÷ 2 =
22. 152 ÷ 2 =
23. 156 ÷ 2 =
24. half of 196 =

Mark your answers. How well did you do?

Mark [ ] out of 24   Time taken [ ]

Test 30: Halves of even numbers to 200 (2)

1. 32 ÷ 2 = ☐
2. 50 ÷ 2 = ☐
3. 40 ÷ 2 = ☐
4. 82 ÷ 2 = ☐
5. 80 ÷ 2 = ☐
6. half of 82 = ☐
7. 58 ÷ 2 = ☐
8. 128 ÷ 2 = ☐
9. half of 188 = ☐
10. 116 ÷ 2 = ☐
11. half of 166 = ☐
12. 160 ÷ 2 = ☐
13. half of 56 = ☐
14. 26 ÷ 2 = ☐
15. 88 ÷ 2 = ☐
16. half of 70 = ☐
17. 32 ÷ 2 = ☐
18. 104 ÷ 2 = ☐
19. half of 170 = ☐
20. 146 ÷ 2 = ☐
21. half of 126 = ☐
22. half of 132 = ☐
23. 170 ÷ 2 = ☐
24. 188 ÷ 2 = ☐

Mark your answers. How well did you do?

Mark ☐ out of 24   Time taken ☐

Test 31: Halves of even multiples of 10 (1)

1. 1000 ÷ 2 =
2. half of 560 =
3. 340 ÷ 2 =
4. half of 820 =
5. 460 ÷ 2 =
6. half of 580 =
7. 6800 ÷ 2 =
8. 14600 ÷ 2 =
9. half of 13600 =
10. 13800 ÷ 2 =
11. 14400 ÷ 2 =
12. 17600 ÷ 2 =
13. half of 340 =
14. 620 ÷ 2 =
15. half of 320 =
16. 800 ÷ 2 =
17. 420 ÷ 2 =
18. 940 ÷ 2 =
19. half of 10800 =
20. 16000 ÷ 2 =
21. 16800 ÷ 2 =
22. 15200 ÷ 2 =
23. 15600 ÷ 2 =
24. half of 19600 =

Mark your answers. How well did you do?

Mark ☐ out of 24   Time taken ☐

Test 32: Halves of even multiples of 10 (2)

1. 160 ÷ 2 = ☐
2. 500 ÷ 2 = ☐
3. 400 ÷ 2 = ☐
4. 420 ÷ 2 = ☐
5. half of 840 = ☐
6. 900 ÷ 2 = ☐
7. 15000 ÷ 2 = ☐
8. 12800 ÷ 2 = ☐
9. half of 18800 = ☐
10. 12600 ÷ 2 = ☐
11. half of 16600 = ☐
12. 19000 ÷ 2 = ☐
13. half of 120 = ☐
14. 260 ÷ 2 = ☐
15. 880 ÷ 2 = ☐
16. half of 700 = ☐
17. 600 ÷ 2 = ☐
18. 1040 ÷ 2 = ☐
19. half of 17000 = ☐
20. 12400 ÷ 2 = ☐
21. half of 11600 = ☐
22. half of 13200 = ☐
23. 17000 ÷ 2 = ☐
24. 18800 ÷ 2 = ☐

Mark your answers. How well did you do?

Mark ☐ out of 24   Time taken ☐

Test 33: Division facts (1)

1. 36 ÷ 6 =
2. 40 ÷ 4 =
3. 48 ÷ 6 =
4. 18 ÷ 6 =
5. 28 ÷ 4 =
6. 48 ÷ 6 =
7. 90 ÷ 10 =
8. 0 ÷ 10 =
9. 24 ÷ 8 =
10. 80 ÷ 10 =
11. 72 ÷ 9 =
12. 64 ÷ 8 =
13. 90 ÷ 10 =
14. 27 ÷ 3 =
15. 14 ÷ 2 =
16. 54 ÷ 6 =
17. 21 ÷ 3 =
18. 25 ÷ 5 =
19. 24 ÷ 3 =
20. 16 ÷ 4 =
21. 42 ÷ 7 =
22. 54 ÷ 9 =
23. 63 ÷ 7 =
24. 81 ÷ 9 =

Mark your answers. How well did you do?

Mark ☐ out of 24   Time taken ☐

Test 34: Division facts (2)

1. $16 \div 2 =$ ☐
2. $0 \div 5 =$ ☐
3. $60 \div 10 =$ ☐
4. $35 \div 5 =$ ☐
5. $15 \div 5 =$ ☐
6. $40 \div 5 =$ ☐
7. $18 \div 3 =$ ☐
8. $40 \div 10 =$ ☐
9. $35 \div 7 =$ ☐
10. $72 \div 8 =$ ☐
11. $80 \div 10 =$ ☐
12. $49 \div 7 =$ ☐
13. $60 \div 10 =$ ☐
14. $32 \div 4 =$ ☐
15. $30 \div 6 =$ ☐
16. $70 \div 10 =$ ☐
17. $36 \div 4 =$ ☐
18. $30 \div 3 =$ ☐
19. $12 \div 4 =$ ☐
20. $36 \div 6 =$ ☐
21. $40 \div 8 =$ ☐
22. $63 \div 7 =$ ☐
23. $24 \div 3 =$ ☐
24. $63 \div 9 =$ ☐

Mark your answers. How well did you do?

Mark ☐ out of 24   Time taken ☐

Test 35: Division facts (3)

1. 0 ÷ 10 =
2. 70 ÷ 10 =
3. 32 ÷ 4 =
4. 12 ÷ 6 =
5. 48 ÷ 6 =
6. 0 ÷ 10 =
7. 90 ÷ 10 =
8. 42 ÷ 7 =
9. 64 ÷ 8 =
10. 72 ÷ 8 =
11. 63 ÷ 7 =
12. 81 ÷ 9 =
13. 21 ÷ 3 =
14. 27 ÷ 3 =
15. 24 ÷ 6 =
16. 15 ÷ 5 =
17. 36 ÷ 4 =
18. 54 ÷ 6 =
19. 24 ÷ 3 =
20. 16 ÷ 4 =
21. 48 ÷ 6 =
22. 70 ÷ 7 =
23. 80 ÷ 10 =
24. 72 ÷ 9 =

Mark your answers. How well did you do?

Mark [ ] out of 24   Time taken [ ]

Test 36: Division facts (4)

1. $100 \div 10 =$ ☐
2. $36 \div 6 =$ ☐
3. $24 \div 4 =$ ☐
4. $42 \div 6 =$ ☐
5. $20 \div 2 =$ ☐
6. $100 \div 10 =$ ☐
7. $0 \div 10 =$ ☐
8. $40 \div 10 =$ ☐
9. $24 \div 8 =$ ☐
10. $35 \div 7 =$ ☐
11. $63 \div 9 =$ ☐
12. $49 \div 7 =$ ☐
13. $30 \div 6 =$ ☐
14. $0 \div 3 =$ ☐
15. $28 \div 4 =$ ☐
16. $10 \div 5 =$ ☐
17. $30 \div 5 =$ ☐
18. $60 \div 10 =$ ☐
19. $12 \div 4 =$ ☐
20. $36 \div 6 =$ ☐
21. $40 \div 8 =$ ☐
22. $56 \div 8 =$ ☐
23. $60 \div 6 =$ ☐
24. $54 \div 6 =$ ☐

Mark your answers. How well did you do?

Mark ☐ out of 24   Time taken ☐

Test 37: Mixed questions

1. double 86 =
2. 160 + 450 =
3. 110 − 40 =
4. double 6800 =
5. 8 x 6 =
6. 12800 ÷ 2 =
7. 940 − 230 =
8. 47 + 60 =
9. twice 7400 =
10. 8 x 9 =
11. 100 + 500 =
12. 800 + 700 =
13. 54 ÷ 9 =
14. 16000 ÷ 2 =
15. 100 − 50 =
16. 1600 − 600 =
17. 830 − 720 =
18. 72 ÷ 8 =
19. 1900 − 500 =
20. 80 ÷ 10 =
21. 176 ÷ 2 =
22. 7 x 7 =
23. 750 − 530 =
24. half of 196 =

Mark your answers. How well did you do?

Mark [ ] out of 24   Time taken [ ]

Test 38: Word problems (3)

1. Mike has 78 sweets. Lesley has twice as many. How many sweets does Lesley have?

2. On a game show Sam won £640. He then doubled his money. How much did he win in total?

3. I think of a number then I multiply it by 6. The answer is 42. What is my number?

4. What number is 370 greater than 450?

5. Max the magician has 8 scarves in each pocket. He has 7 pockets. How many scarves does he have?

6. 132 children have crisps for lunch. Half of them have cheese and onion. How many children is this?

7. A regular hexagon has sides that are 8 cm long. What is its perimeter?

8. Ben earns £26000 per year. This year he also got a £7000 bonus. How much did he get this year in total?

9. Dan is seven times as old as Molly. Dan is 14. How old is Molly?

10. There were 16 children on a trip. 9 brought 8p and 7 brought 6p. How much money was brought in total?

Mark your answers. How well did you do?

Mark [ ] out of 10   Time taken [ ]

Answers

Test 1
1	50	13	120
2	110	14	120
3	160	15	180
4	170	16	130
5	150	17	140
6	170	18	190
7	160	19	180
8	190	21	210
9	270	22	290
10	350	22	240
11	370	23	390
12	460	24	580

Test 2
1	90	13	140
2	150	14	170
3	170	15	190
4	140	16	160
5	140	17	170
6	190	18	220
7	180	19	170
8	200	20	200
9	290	21	360
10	390	22	390
11	390	23	420
12	580	24	470

Test 3
1	800	13	1100
2	1100	14	1200
3	1000	15	1100
4	1700	16	1900
5	1500	17	1400
6	1900	18	2100
7	1600	19	1800
8	1700	20	1300
9	3100	21	2300
10	11000	22	10000
11	9000	23	15000
12	15000	24	18000

Test 4
1	1300	13	1200
2	1500	14	1700
3	900	15	1500
4	1900	16	2200
5	1400	17	1700
6	2000	18	2000
7	1800	19	1700
8	1400	20	1600
9	2900	21	5000
10	14000	22	10000
11	13000	23	20000
12	19000	24	18000

Test 5
1	107	13	101
2	93	14	97
3	79	15	80
4	71	16	97
5	89	17	99
6	114	18	137
7	124	19	113
8	126	20	131
9	121	21	107
10	109	22	119
11	134	23	167
12	174	24	163

Test 6
1	68	13	89
2	110	14	123
3	90	15	88
4	114	16	109
5	111	17	123
6	131	18	111
7	109	19	112
8	121	20	118
9	134	21	119
10	131	22	103
11	151	23	121
12	152	24	172

Test 7

1	750	13	820
2	610	14	520
3	660	15	480
4	770	16	1090
5	1250	17	1360
6	1270	18	1500
7	1160	19	1080
8	1100	20	1490
9	1350	21	1160
10	1470	22	1400
11	1620	23	1380
12	1760	24	1450

Test 8

1	590	13	640
2	750	14	670
3	770	15	890
4	940	16	1160
5	1420	17	1330
6	1570	18	1520
7	1170	19	990
8	1340	20	1460
9	1520	21	1430
10	1630	22	1420
11	1380	23	1600
12	1780	24	1770

Test 9

1	50	13	0
2	70	14	80
3	70	15	50
4	60	16	90
5	120	17	110
6	80	18	90
7	90	19	0
8	110	20	140
9	60	21	150
10	190	22	140
11	260	23	210
12	220	24	230

Test 10

1	10	13	30
2	110	14	160
3	60	15	10
4	40	16	90
5	90	17	130
6	110	18	140
7	70	19	60
8	100	20	150
9	70	21	20
10	160	22	190
11	190	23	250
12	250	24	210

Test 11

1	900	13	300
2	700	14	400
3	700	15	500
4	600	16	1000
5	900	17	800
6	1600	18	1700
7	1900	19	1400
8	2600	20	2100
9	2200	21	2900
10	3700	22	2800
11	600	23	2900
12	4200	24	2500

Test 12

1	100	13	300
2	300	14	500
3	1600	15	900
4	700	16	1400
5	1000	17	1800
6	700	18	200
7	1600	19	1900
8	2400	20	2500
9	2500	21	2100
10	4100	22	3500
11	400	23	2900
12	900	24	3800

Test 13
1 150 13 70
2 270 14 380
3 270 15 50
4 260 16 290
5 220 17 10
6 580 18 590
7 490 19 380
8 10   20 240
9 360 21 350
10 80 22 140
11 560 23 510
12 120 24 330

Test 14
1 110 13 30
2 310 14 560
3 260 15 510
4 40   16 90
5 290 17 630
6 610 18 840
7 370 19 60
8 400 20 250
9 270 21 420
10 660 22 490
11 540 23 150
12 350 24 10

Test 15
1 1900 13 1400
2 79   14 1100
3 1270 15 2400
4 800 16 80
5 2600 17 1360
6 1100 18 1250
7 70   19 30
8 70   20 340
9 100 21 110
10 110 22 140
11 1200 23 2100
12 120 24 330

Test 16
1 107 13 1900
2 1300 14 1200
3 1570 15 1520
4 90   16 118
5 1420 17 1330
6 1500 18 1700
7 110 19 60
8 130 20 150
9 90   21 150
10 100 22 150
11 1500 23 2500
12 350 24 10

Test 17
1 620 13 160
2 136 14 240
3 1900 15 400
4 1800 16 119
5 173 17 181
6 174 18 2100
7 10   19 1000
8 1500 20 1600
9 140 21 90
10 1750 22 1450
11 900 23 1810
12 137 24 290

Test 18
1 190 13 90
2 1300 14 250
3 190 15 2000
4 1590 16 2100
5 700 17 1400
6 152 18 172
7 191 19 260
8 1800 20 1700
9 1780 21 170
10 60 22 1770
11 1800 23 1950
12 40 24 90

Test 19
1 650
2 1300
3 141p or £1.41
4 430
5 £51
6 1200
7 90
8 112
9 150
10 50

Test 20
1 50
2 86
3 148
4 128
5 114
6 132
7 126
8 168
9 188
10 154
11 174
12 152
13 24
14 102
15 122
16 130
17 78
18 98
19 142
20 162
21 182
22 118
23 138
24 156

Test 21
1 28
2 126
3 166
4 74
5 96
6 116
7 136
8 146
9 134
10 156
11 168
12 178
13 70
14 140
15 170
16 92
17 110
18 134
19 160
20 150
21 112
22 170
23 136
24 192

Test 22
1 500
2 860
3 1480
4 18800
5 11400
6 13200
7 11200
8 13200
9 14800
10 15400
11 16400
12 17800
13 240
14 1020
15 1220
16 18200
17 7800
18 9800
19 9600
20 13600
21 14200
22 15800
23 17000
24 18000

Test 23
1 280
2 1260
3 1660
4 7400
5 9600
6 11600
7 7800
8 11400
9 13400
10 16200
11 17400
12 18400
13 700
14 1400
15 1700
16 9200
17 11000
18 13400
19 9200
20 13800
21 15200
22 16000
23 17600
24 19200

Test 24
1 56
2 0
3 56
4 32
5 24
6 54
7 56
8 56
9 63
10 72
11 64
12 48
13 27
14 63
15 45
16 40
17 49
18 42
19 64
20 0
21 24
22 49
23 56
24 81

Test 25

1	64	13	36
2	27	14	18
3	54	15	42
4	27	16	45
5	32	17	36
6	63	18	48
7	63	19	0
8	49	20	72
9	54	21	72
10	56	22	36
11	45	23	49
12	72	24	48

Test 26

1	8	13	50
2	35	14	25
3	8	15	24
4	70	16	90
5	40	17	27
6	54	18	30
7	18	19	24
8	56	20	35
9	63	21	90
10	45	22	63
11	80	23	72
12	18	24	81

Test 27

1	20	13	36
2	6	14	42
3	45	15	42
4	10	16	80
5	21	17	36
6	100	18	4
7	81	19	0
8	42	20	60
9	16	21	35
10	54	22	40
11	63	23	56
12	72	24	45

Test 28

1	900
2	£650
3	63
4	90
5	110
6	72
7	64
8	£56
9	2800
10	156

Test 29

1	50	13	17
2	61	14	31
3	21	15	30
4	45	16	42
5	23	17	32
6	75	18	47
7	34	19	54
8	62	20	80
9	68	21	84
10	69	22	76
11	72	23	78
12	88	24	98

Test 30

1	16	13	28
2	25	14	13
3	20	15	44
4	41	16	35
5	40	17	16
6	41	18	52
7	29	19	85
8	64	20	73
9	94	21	63
10	58	22	66
11	83	23	85
12	80	24	94

Test 31

1	500	13	170
2	280	14	310
3	170	15	160
4	410	16	400
5	230	17	210
6	290	18	470
7	3400	19	5400
8	7300	20	8000
9	6800	21	8400
10	6900	22	7600
11	7200	23	7800
12	8800	24	9800

Test 32

1	80	13	60
2	250	14	130
3	200	15	440
4	210	16	350
5	420	17	300
6	450	18	520
7	7500	19	8500
8	6400	20	6200
9	9400	21	5800
10	6300	22	6600
11	8300	23	8500
12	9500	24	9400

Test 33

1	6	13	9
2	10	14	9
3	8	15	7
4	3	16	9
5	7	17	7
6	8	18	5
7	9	19	8
8	0	20	4
9	3	21	6
10	8	22	6
11	8	23	9
12	8	24	9

Test 34

1	8	13	6
2	0	14	8
3	6	15	5
4	7	16	7
5	3	17	9
6	8	18	10
7	6	19	3
8	4	20	6
9	5	21	5
10	9	22	9
11	8	23	8
12	7	24	7

Test 35

1	0	13	7
2	7	14	9
3	8	15	4
4	2	16	3
5	8	17	9
6	0	18	9
7	9	19	8
8	6	20	4
9	8	21	8
10	9	22	10
11	9	23	8
12	9	24	8

Test 36

1	10	13	5
2	6	14	0
3	6	15	7
4	7	16	2
5	10	17	6
6	10	18	6
7	0	19	3
8	4	20	6
9	3	21	5
10	5	22	7
11	7	23	10
12	7	24	9

Test 37

1	172	13	6
2	610	14	8000
3	70	15	50
4	13600	16	1000
5	48	17	110
6	6400	18	9
7	710	19	1400
8	107	20	8
9	14800	21	88
10	72	22	49
11	600	23	220
12	1500	24	98

Test 38

1	156
2	£1280
3	7
4	820
5	56
6	66
7	48 cm
8	£33000
9	2
10	114p or £1.14